동물들의 기발한 생활 비법

멧돼지를 통째로 삼키는 법

HOW TO SWALLOW A PIG

스티브 젠킨스 · 로빈 페이지 지음   김명남 옮김

시공주니어

❝ 자, 그러니까 여러분은 돼지를 통째로 삼키는
법을 배우고 싶다는 거죠. 그렇다면 이 책에
소개된 단계별 설명을 따라 해 보세요.
큰 뱀의 식사법을 금세 익히게 될 테니까요.
하지만 털북숭이 네발짐승을 꿀꺽 삼키기엔
아직 마음의 준비가 덜 되었을지도 모르겠네요.
걱정 말아요! 이것 말고도 다른 쓸모 있는
기술이 많으니까요. 여러분에게 거미줄 짜는
기술, 해파리로 위장하는 기술, 양과 싸우는
기술, 누를 사냥하는 기술이 언제 필요할지
모르잖아요. 그러니까 찬찬히 배워 보세요.
그리고 잊지 말아요.
연습하다 보면 는다는 것을. ❞

혹등고래처럼
물고기 잡는 법

큰 버스만 한 몸집의 혹등고래는 한 끼에 물고기 수천 마리를 먹어요. 고래는 포유류라서 허파로 공기를 들이마시고 내쉰답니다. 덕분에 특이한 방법으로 물고기를 잡을 수 있죠. 바로 '공기 방울 그물'을 쓰는 거예요.
직접 해 보고 싶다면, 다음의 방법을 따라 해 보세요.

❶ **물고기를 찾아요.**
첫 단계는 물고기 떼를 찾는 거예요. 청어나 정어리는 수백만 마리씩 몰려다니는 경우도 있답니다.

❷ **친구들에게 알려요.**
가까이에 있는 혹등고래들에게 식사거리를 발견했다고 알려요.

❸ 수면을 철썩 쳐요.
꼬리로 물을 후려치면 물고기들이 겁먹고 서로에게 좀 더 바싹 다가가 뭉칠 거예요. 여러분에게 꼬리가 없다면, 친구 고래에게 도와 달라고 하세요.

❹ 빙글빙글 헤엄쳐요.
다른 고래들과 함께 물고기 떼 밑에서 원을 그리며 헤엄치면서 공기 방울을 계속 뿜어내요. 그러면서 원을 점점 더 좁게 그려서 물고기들을 한곳으로 몰아요.

❺ 꿀꺽!
차례대로 물고기 떼를 향해 쑥 헤엄쳐 올라가요. 이때 입을 활짝 벌려서 한입에 최대한 많은 물고기를 삼킬 수 있도록 해요.

재봉새처럼 바느질하는 법

'재봉새'라는 이름은 기발한 방법으로 둥지를 만드는 데서 붙여졌답니다. 재봉새는 암컷이 둥지를 지어요. 재료를 모을 때는 수컷이 돕기도 하지요. 둥지는 다음과 같이 만들어요.

❶ **나뭇잎을 골라요.**
크고 싱싱한 나뭇잎을 찾아요. 안전하고 외딴 곳에 있는 잎이 좋아요.

❷ **나뭇잎을 친친 동여매요.**
기다란 거미줄을 친친 둘러서 나뭇잎을 오므려요.

❸ **부리를 바늘처럼 사용해요.**
뾰족한 부리로 나뭇잎 양쪽 가장자리에 구멍을 뚫어요.

❹ **실로 꿰매요.**
식물 섬유, 풀잎, 거미줄 같은 것으로 둥지 가장자리를 꿰매요. 마주 보는 두 구멍에 실을 꿴 뒤, 꿰맨 것이 헐거워지지 않도록 실 끝을 부풀려요.

❺ **둥지에 안감을 대요.**
식물 섬유, 곤충의 고치, 거미줄처럼 부드러운 재료를 모아요. 그것들을 둥지 안에 깔아서 부드럽고 편안하게 내부를 가꿔요. 이제 알을 낳을 준비가 다 되었군요.

꼬리감는원숭이처럼
벌레 물리치는 법

꼬리감는원숭이는 열대 우림에서 모기, 파리 같은 수많은 곤충들에 둘러싸여 살아요. 이런 벌레들은 원숭이를 성가시게 물고 괴롭히지만, 이 똑똑한 영장류는 자신을 보호하는 방법을 알아냈답니다. 어떤 방법인지 알고 싶다고요? 이렇게 해 보세요.

❶ 여럿이 한데 모여요.
꼬리감는원숭이들은 벌레 쫓는 일을 일종의 친목 모임으로 즐긴답니다. 여러분도 낄 수 있어요.

❷ 노래기 한 마리를 잡아요.
어떤 노래기는 제 몸을 보호하기 위해 피부에서 독을 내뿜어요. 강력한 화학 물질로 웬만한 벌레들은 다 쫓아내죠.

❸ 노래기를 입속에 넣고 터뜨려요.
윽! 입안이 따끔하고 맛도 끔찍하겠지만, 혀로 노래기를 살살 굴리면 독소가 더 많이 분비된답니다.

❹ 노래기를 털에 문질러요.
다 문지르고 나면, 노래기를 구하지 못한 다른 원숭이들에게도 빌려주세요.

❺ 후추 잎을 짓이겨요.
후추 덩굴의 잎에도 벌레를 내쫓는 화학 물질이 들어 있어요. 노래기로 안 된다면, 또는 노래기를 못 찾았다면, 후추 잎 몇 장을 짓이겨서 털에 펴 발라요. 이제 성가신 벌레들에게 시달리지 않을 거예요.

큰뿔야생양처럼
암컷의 사랑을 얻는 법

큰뿔야생양 수컷들은 암컷에게 잘 보이고 싶을 때 싸움을 벌여요. 싸움에서 이긴 숫양이 암컷의 사랑을 차지하지요. 단, 이걸 따라 했다간 위험할 수 있으니 조심해야 해요. 머리가 엄청나게 아플 수도 있거든요.

❶ 주변을 살펴요.
저 멀리 덩치 큰 숫양이 보이나요? 저 녀석이 여러분의 경쟁자예요. 이쪽으로 다가오고 있네요…….

❷ 늠름하게 버텨요.
강해 보이려고 노력하세요. 어쩌면 상대가 물러날지도 몰라요.

❸ **몸싸움을 해야겠어요.**
아무래도 이 숫양을 들이받아서 밀어내야겠군요. 지금 이 녀석도 그럴 작정이니까요.

❹ **싸움이 심각해지는군요.**
뒷다리에 힘을 주고 벌떡 일어나, 상대에게 덤벼들어, 녀석의 머리를 들이받아요.

❺ **잠시 쉬어요.**
여러분의 머리뼈가 큰뿔야생양처럼 두껍다면, 피해가 크진 않을 거예요. 그리고 만일 상대 숫양이 물러난다면, 여러분은 새 여자 친구를 얻게 되지요.

까마귀처럼 견과를 깨는 법

까마귀는 지능이 높은 새예요. 견과를 물고 공중으로 올라가 바위나 딱딱한 길바닥에 떨어뜨려 깰 줄 알지요. 하지만 어떤 견과는 너무 딱딱하기 때문에, 그렇게 해도 깨지지 않을 때가 있어요. 어떤 지역에 사는 까마귀들은 이를 해결할 방법을 알아냈답니다. 단, 이 기술은 여러분이 하늘을 나는 법을 배운 뒤에 시도하는 게 좋겠지요.

❶ **견과를 찾아요.**
호두와 같은 단단한 견과가 좋겠지요.

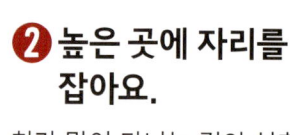

❷ **높은 곳에 자리를 잡아요.**
차가 많이 다니는 길의 신호등 근처로 정해요.

❸ **견과를 떨어뜨려요.**
승용차나 트럭이 깔고 지나갈 만한 지점을 골라서 떨어뜨려요.

❹ **신호등이 바뀌기를 기다려요.**
산산조각 난 간식을 먹으러 가는 것은 신호등 색깔이 바뀌어 차들이 멈춘 뒤에 하도록 해요.

❺ **맛있게 먹어요!**
이제 아래로 내려가서 견과를 먹고, 신호가 다시 바뀌기 전에 자리를 떠요.

비버처럼
댐을 짓는 법

비버는 뛰어난 토목 기술자예요. 가족과 함께 댐으로 개울을 막아서 연못을 만든 뒤, 그곳에 식량을 저장하고 집을 짓지요.
비버처럼 댐을 만드는 방법은 다음과 같아요.

❶ **개울을 찾아요.**
일 년 내내 물이 흐르는, 하지만 너무 빨리 흐르지는 않는 곳이 제일 좋아요.

❷ **나무를 갉아서 넘어뜨려요.**
앞니로 나무둥치를 갉아요. 이렇게 나무 몇 그루가 개울을 가로질러 쓰러지게 해서 댐의 기초를 만들어요.

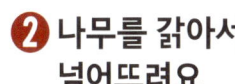

❸ **나뭇가지와 진흙을 모아요.**
이 작업은 비버 가족 모두가 힘을 합치면 더 빨리 할 수 있어요.

❺ **새로 생긴 연못에서 수영을 즐겨요.**
그리고 좀 쉬어요. 이제는 집을 지어야 하니까요!

❹ **댐을 완성해요.**
나뭇가지와 진흙으로 댐의 틈을 메워요.

흉내문어처럼
위장하는 법

문어는 종류가 아주 많아요. 모두 피부의 색깔과 질감을 바꿔서 주변 환경에 녹아들 수 있지요. 그중에서도 흉내문어는 이러한 기술을 한 단계 더 발전시켰어요. 다른 바다 생물들을 흉내 내서 포식자를 겁주거나 헷갈리게 만든답니다. 여기에는 유연성, 창의성, 그리고 많은 연습이 필요하니까 마음을 단단히 먹어야 해요.

❶ 항상 위험을 경계해요.
많은 바다 동물들이 작은 문어를 잡아먹고 싶어 하니까요.

❷ 위장할 대상을 정해요.
흉내 낼 대상으로는 위협적인 동물 또는 맛이 없어 보이는 동물을 골라요.

❸ 바다뱀을 흉내 내요.
피부색을 바꿔서 줄무늬를 띠도록 해요. 다리 두 개를 쫙 펼치고 물속에서 꿈지럭거려요. 운이 좋다면 포식자는 여러분을 독이 있는 바다뱀으로 착각할 거예요.

❹ 쏠배감펭도 괜찮은 선택이죠.

물에 둥둥 뜬 채, 다리를 몽땅 펼쳐서 뒤로 늘어뜨려요. 그러면 지느러미에 독이 있는 알록달록한 물고기인 쏠배감펭처럼 보일 거예요.

❺ 가자미는 어떨까요?

가자미는 주로 바다 밑바닥에 붙어 있거나 그보다 약간 더 높은 지점에서 헤엄친답니다. 가자미 중에는 독이 있는 종류가 있기 때문에, 포식자들이 피하려고 해요. 가자미를 흉내 내려면, 다리를 모두 뒤로 모으고 몸을 납작하게 만든 뒤에 바다 밑바닥을 따라 미끄러지듯이 움직여요.

❻ 해파리도 빼놓을 수 없죠!

대부분의 바다 생물들은 독을 쏘는 촉수를 가진 해파리를 피한답니다. 해파리 흉내는 아주 쉬워요. 다리를 모두 뒤로 늘어뜨린 채 둥둥 떠 있기만 하면 되니까요. 그러다 가끔씩 물 표면으로 쑥 올라갔다가 천천히 가라앉기를 반복하면 되지요.

붉은백로처럼 사냥하는 법

붉은백로는 얕은 물의 돌멩이나 수초 틈에 숨은 작은 물고기를 잡아먹어요. 붉은백로에게는 그런 물고기를 잡는 효과적인 기술이 있답니다. 여러분도 해 볼 수 있어요.
단, 발이 물에 젖는 걸 감수해야 할 거예요.

❶ 찾아보아요.
물을 헤치고 걸으면서, 물고기가 숨기 좋을 것 같은 장소를 찾아보아요.

❷ 첨벙첨벙!
깡충깡충 뛰면서 물을 마구 튀기고 시끄럽게 소리를 내요.

❸ 냉큼 물어요.
숨어 있던 곳에서 겁먹고 뛰쳐나온 물고기가 있다면, 길고 뾰족한 부리로 덥석 물어요. 잡은 물고기를 공중으로 던져서 머리부터 받아 삼켜요.

❹ 그늘을 드리워요.
해가 떠 있을 때는 햇빛이 물에 반사되어 물속을 들여다보기가 힘들 수 있어요. 날개를 쳐들어 눈가에 그늘을 드리우면 물고기를 더 많이 발견하고 잡을 수 있을 거예요.

쌍살벌처럼
집 짓는 법

쌍살벌은 나무 섬유를 씹어 침과 섞어서 집을 지어요. 벌집에는 칸이 아주 많고, 칸마다 애벌레가 한 마리씩 들어 자라지요. 종이로 된 집이지만 물이 새지 않아요. 쌍살벌처럼 집을 짓고 싶다면, 먼저 턱 운동을 충분히 하세요.

❶ 적당한 장소를 찾아요.
현관 지붕 밑이나 굵은 나무줄기 아래처럼 안전한 곳이 좋아요.

❷ '종이'를 만들어요.
오래된 통나무나 페인트칠하지 않은 울타리 같은 목재를 찾아야 해요. 나무를 조금 뜯어 꼼꼼하게 씹어서 침과 섞어 종이 펄프를 만들어요.

❸ 집을 단단히 고정시켜요.
집 지을 장소에 질척한 종이 펄프를 조금 붙여요. 이 펄프는 집을 고정해 주는 줄기가 될 거랍니다.

❻ 마무리 손질을 해요.
배에 있는 분비샘에서 특별한 액체를 짜내어 집을 지탱하는 줄기에 칠해요. 이 액체는 개미를 쫓아내기 때문에, 개미들이 벌집으로 기어와서 알과 애벌레를 먹어 치우는 것을 막아 줘요.

❹ 칸을 하나씩 더해요.
육각형 모양의 칸을 많이 만들어야 해요. 육각형으로 만들어야만 공간을 낭비하지 않고 빽빽하고 깔끔하게 칸을 이어 붙일 수 있죠. 여왕벌이 칸마다 알을 낳으면, 알들은 그곳에서 애벌레로 부화했다가 나중에 어른 벌로 자라나요.

❺ '우산'을 덮어씌워요.
집을 통째 포장하는 것처럼 종이 펄프로 덮어 보호해요. 이때, 바닥에 작게 드나들 구멍을 남기는 걸 잊지 마세요.

헛간거미처럼
거미줄 짜는 법

헛간거미는 세심한 계획에 따라 거미줄을 만들어요. 여러분도 같은 방식으로 거미줄을 짤 수 있어요. 하지만 그 전에 거미줄을 엮을 안전한 장소를 찾아야 해요. 그리고 더 까다로운 문제가 있는데, 몸에서 실을 자아내는 방법부터 배워 두어야 한다는 것이죠.

❶ **줄 한 가닥을 던져요.**

적당한 장소를 찾았으면, 실을 한 가닥 공중에 던져요. 운이 좋다면, 실이 바람에 실려 가까이에 있는 다른 나뭇가지나 물체에 걸릴 거예요.

❷ **고리를 만들어요.**

첫 번째 가닥 위를 건너가면서, 두 번째 가닥을 뽑아내어 U 자 모양으로 처지게 해요.

❸ **U 모양을 Y 모양으로 바꿔요.**

늘어진 가닥 아래쪽에 실을 이어 팽팽하게 당기면 Y 자 모양이 되지요.

❹ **테두리를 짜요.**

거미줄의 가장자리를 이룰 실들을 뽑아내어 엮어요.

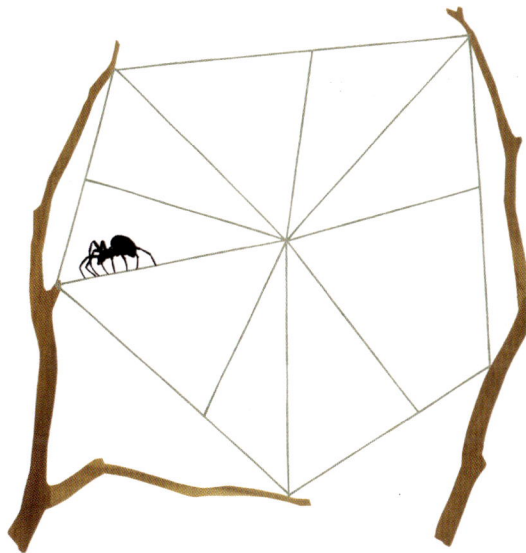

❺ 중앙에서 가장자리로 실을 이어요.

'방사실'이라고 하는 이 실들은 거미줄의 틀이 되어 줘요. 또 끈끈하지 않기 때문에 나중에 발을 딛고 건너다닐 길이 되어 줄 거예요.

❻ 나선을 만들어요.

안에서 밖을 향해 나선을 그리며 실을 놓아요. 지금까지 자아낸 실들은 모두 끈끈하지 않은 실들이에요.

❼ 끈끈하게 만들어요.

이제 나선을 따라 한가운데로 되돌아오면서 끈끈한 실을 놓아요. 이때, 먼저 놓았던 나선의 실은 먹어 치워요.

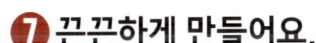

❽ 식사거리를 기다려요.

이제 쉬어도 돼요. 새로 짠 거미줄 한가운데에 앉아서 곤충들이 끈끈한 덫에 걸리기를 기다려요.

새틴바우어새처럼 집 꾸미는 법

수컷 새틴바우어새는 나뭇가지와 잔가지로 둥지를 만든 뒤 예쁘게 장식해요. '바우어'라고 하는 둥지가 완성되면, 암컷 바우어새가 살펴보러 와요. 암컷은 자기 마음에 드는 둥지를 지은 수컷을 짝으로 선택하지요. 여러분도 바우어를 짓고 싶다면, 요령을 하나 알려 줄게요. 새틴바우어새는 파란색을 특히 좋아한답니다.

❶ **장소를 골라요.**
숲의 빈터에 둥지를 지으면 좋을 거예요.

❷ **나뭇가지를 모아요.**
나뭇가지가 많이 필요해요. 충분히 모았으면, 나뭇가지들을 U 모양으로 얽어요.

❸ **색깔 있는 물건을 모아요.**
둥지 뼈대가 완성되면, 색깔 있는 돌멩이나 조개껍데기, 꽃잎 따위를 잔뜩 모아요. 사람이 쓰던 물건도 좋아요. 바우어새는 병뚜껑, 장신구, 깨진 유리 조각, 심지어 안경이나 만년필도 장식물로 쓴답니다.

❹ 보기 좋게 장식해요.
둥지로 드나드는 길에
색깔 있는 물건들을 예쁘게
배치해요.

❺ 페인트를 직접 만들어요.
나무 열매를 씹어서 침과 섞은 뒤, 부리로
바우어 안쪽을 파랗게 칠해요.

❻ 참을성 있게 기다려요.
암컷 바우어새가 나타나면,
여러분은 집을 보여 주면서 춤을
춰야 해요. 물론 춤추는 법은 미리
익혀 두어야겠지요?

버빗원숭이처럼 위험을 알리는 법

버빗원숭이는 큰 무리를 이루어 살아가요. 원숭이에게는 적이 많기 때문에, 무리의 모든 원숭이들이 늘 위험을 감시한답니다. 그리고 포식자가 나타나면, 그 종류에 따라 제각각 독특한 소리로 위험을 알려요. 버빗원숭이처럼 위험을 알리고 싶다면, 몇 가지 중요한 경보를 익혀야 해요.

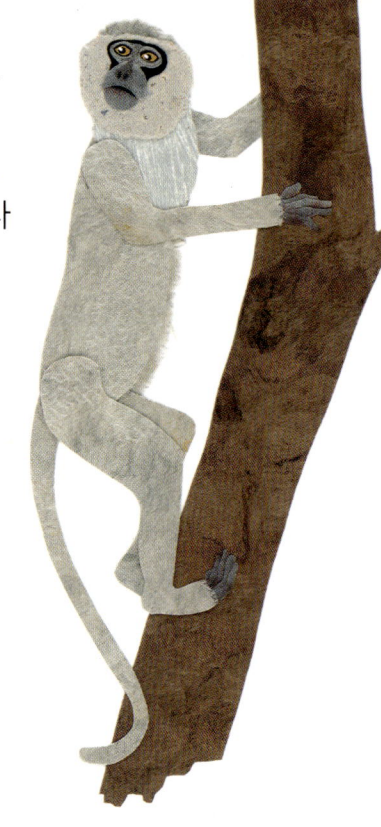

❶ 늘 경계해요.
무리의 다른 모든 원숭이들과 마찬가지로, 위험한 동물이 있는지 늘 살펴야 해요.

❷ 하늘에서 나타난 위험.
독수리는 버빗원숭이를 잡아먹는 가장 위험한 포식자예요. 공중에서 훅 날아 내려와서 나무에 앉은 원숭이들 중 한 마리를 채 가요. 독수리를 발견했다면, 독수리 경보를 울리세요. 그러면 모든 원숭이들이 낮은 가지로 내려가서 위를 살필 거예요.

❹ 스르르 다가오는 위험.
뱀은 땅에서 덮칠 수도 있고 나뭇가지에서 덮칠 수도 있어요. 그래서 버빗원숭이들은 뱀 경보가 들리면 그 자리에 우뚝 멈춰 서서 사방을 살핀답니다.
위험을 알릴 때는 정확한 경보를 고르도록 주의해야 해요. 경보가 정확하지 않으면 다른 원숭이들이 위험에 처할 수 있으니까요.

❸ 땅에서 나타난 위험.
표범도 아주 위험해요. 특히 여러분이 땅에 있을 때는 더하죠. 표범 경보를 울리면서 다른 원숭이들과 함께 얼른 나뭇가지로 올라가세요.

잎꾼개미처럼
농사짓는 법

잎꾼개미는 농부예요. 집단을 이루어 살아가면서 함께 버섯을 길러 식량으로 삼지요. 잎꾼개미들을 돕고 싶다면 힘을 많이 써야 할 거예요. 날카로운 턱도 있어야 하고요.

❶ 나뭇잎을 찾아 떠나요.

수천 마리 개미들과 함께 한 줄로 줄지어 적당한 나뭇잎을 찾으러 떠나요. 길을 잃으면 안 되니까, 나중에 집으로 돌아올 때 길잡이로 삼을 수 있도록 화학 물질을 조금씩 떨어뜨리면서 가요.

❷ 싹둑, 싹둑.

적당한 나뭇잎을 찾았으면, 가위 같은 턱으로 조각조각 잘라요.

❸ 집으로 돌아와요.

모든 개미들이 저마다 나뭇잎을 한 조각씩 물고 집으로 돌아와요. 잎꾼개미는 자기 몸무게보다 열 배나 무거운 것도 나를 수 있답니다. 여러분은…… 그냥 최선을 다하면 되고요.

❹ 농장에 비료를 주어요.

잎꾼개미들은 커다란 지하 굴에서 버섯 농장을 운영해요. 여기로 나뭇잎을 가져오면, 다른 개미들이 나뭇잎을 씹어 걸쭉하게 만들어서 버섯에 비료로 주지요. 나뭇잎을 바로 먹는 것은 아니랍니다.

❺ 버섯 진수성찬을 즐겨요.

열심히 일했으니, 맛있는 버섯 간식을 즐겨요.

악어처럼
먹이 잡는 법

악어는 물속에서 잽싸게 움직이지만, 악어가 사냥하는 동물들은 땅 위에 사는 게 많아요. 땅에서는 악어의 움직임이 서툴기 때문에, 악어가 다가오는 모습을 보고 먹잇감이 재빠르게 달아날 때가 많지요. 그래서 이 덩치 큰 파충류는 교묘한 사냥 방법을 개발했어요. 악어처럼 먹이를 잡고 싶다면, 좀 엉큼해져야 할 거예요.

❶ 통나무인 척해요.
강기슭에 다가가 눈과 콧구멍만 물 밖으로 내밀고 가만히 있어요. 꼼짝 않고 있으면, 먹잇감이 여러분을 알아보지 못하거나 물에 뜬 통나무로 착각할지 몰라요.

❷ 잡을 준비를 해요.
누 한 마리가 물을 마시려고 다가오고 있어요. 정신을 바짝 차리고……

❸ **돌진!**

꼬리를 휘둘러 몸을 물 밖으로 내밀면서 입을 활짝 벌려요. 누를 입에 물었다면, 물속으로 끌고 들어와서 누가 물에 빠져 죽을 때까지 꽉 붙들고 있어요. (설마 깔끔한 일일 거라고 기대한 건 아니겠죠?)

❹ **다시 시도해요.**

누를 잡지 못했다면, 또 다른 수법이 있어요. 나뭇가지를 몇 개 구해서 코에 얹은 뒤 가만히 있는 거예요. 왜 나뭇가지냐고요? 백로 같은 물새들은 둥지를 짓기 위해 나뭇가지를 모으러 다니거든요.

❺ **식사를 해요.**

백로가 나뭇가지를 집으려고 가까이 다가오면, 그다음에는 어떻게 해야 하는지 여러분도 알겠죠?

아르마딜로처럼 방어하는 법

아르마딜로의 몸은 대부분 단단한 갑옷 같은 골판으로 덮여 있지만, 배는 부드럽고 연약해요. 코요테, 여우, 재규어, 그 밖의 여러 포식자들이 잡아먹으려고 하기 때문에, 아르마딜로는 자신을 방어하는 꾀바른 방법을 몇 가지 알고 있어요. 다음번에 혹시 포식자의 공격을 받으면, 아르마딜로의 여러 수법들 중 하나를 빌려 보세요.

❶ 얼음!
포식자들은 먹잇감이 움직이지 않으면 알아차리지 못할 때가 많아요. 그러니 꼼짝도 않고 가만히 있는 것은 훌륭한 생존 전략이지요.

❷ 달아나요.
아르마딜로는 보기보다 움직임이 잽싼 편이에요. 여러분도 빠르게 움직일 수 있어요. 가만히 있는 게 통하지 않으면, 그 자리에 있지 말고 달아나세요.

❸ 땅을 파요.
긴 발톱으로 땅에 구덩이를 파요. 잽싸게 움직인다면, 금세 아늑하게 숨을 곳이 생길 거예요.

❻ 웅크리고 앉아요.
다른 방법이 다 실패하면, 머리와 발을 쑥 집어넣고, 포식자가 딱딱한 골판 때문에 공격을 포기하고 돌아가기를 기다려 보세요.

❺ 펄쩍 뛰어요.
공중으로 1미터쯤 펄쩍 뛰어올라요. 사나운 포식자들조차도 깜짝 놀랄 테니, 도망칠 시간을 벌 수 있을 거예요.

❹ 헤엄쳐요.
아르마딜로는 수영을 잘해요. 포식자들 중에는 물에 젖는 것을 싫어하는 녀석들도 많지요.

개미귀신처럼 벌레 잡는 법

개미귀신은 명주잠자리의 애벌레예요. 개미귀신이 자라 어른벌레가 되면 꽃가루와 꿀을 먹고 살지만, 애벌레 상태인 개미귀신은 무서운 포식자랍니다. 모래 구덩이를 파 놓고, 개미 같은 작은 생물들이 함정에 빠지길 기다렸다가 잡아먹지요. 재미있을 것 같나요? 이렇게 하면 돼요.

❶ 곱고 바싹 마른 흙을 찾아요.
여기에 구덩이를 팔 거예요.

❷ 머리를 이용해요.
머리를 삽처럼 써서, 뒷걸음질하며 점점 좁아지는 나선을 그리면서 머리를 흔들어 흙을 퍼내요. 구덩이가 점점 더 깊어질 거예요.

❸ 숨어요.
구덩이를 다 팠으면, 머리를 위로 향한 채 그 밑에 몸을 묻어요.

❹ 먹이를 잡아요.
개미나 다른 곤충이 어쩌다 구덩이에 빠지면, 벽을 기어올라 빠져나가려고 할 거예요. 그러나 만일 여러분이 함정을 잘 파 두었다면, 먹잇감은 계속 바닥으로 떨어지기만 하겠죠. 이제 먹이를 물어서 독을 찔러 넣어요.

❺ 식사를 해요.
먹이의 몸에서 즙을 다 빨아 먹어요. 식사를 마치면 죽은 곤충을 밖으로 내던지고, 구덩이에 망가진 부분이 있으면 손질한 뒤에 다음 먹잇감을 기다려요.

서부논병아리처럼 춤추는 법

서부논병아리는 호수나 습지에서 물을 헤치고 다니면서 살아요. 짝짓기를 할 때면 수컷과 암컷이 함께 복잡한 춤을 추지요. 여러분에게 부리와 날개와 넓적한 발가락이 있다면 논병아리의 춤을 한결 쉽게 배울 수 있을 거예요.

❶ **물풀을 선물해요.**

여러분이 수컷 논병아리라면, 맨 처음에 암컷에게 선물로 물풀을 줘야 해요. 여러분이 암컷이라면, 선물을 받을지 말지 결정해요.

❷ **상대를 따라 해요.**

그다음에는 서로의 몸짓을 흉내 내요. 여러분이 고개를 쳐들었다가 내리는 동작을 할 경우, 상대도 여러분이 마음에 든다면 여러분의 몸짓을 그대로 따라 할 거예요.

❸ **발 장난.**

상대가 발을 들어 공중에서 휘저으면, 여러분도 똑같이 해야 해요. 대부분의 새들과는 달리 서부논병아리는 발이 몸 아래쪽이 아니라 뒤쪽에 붙어 있기 때문에, 이런 발 장난을 쉽게 할 수 있어요.

❹ **물 위를 달려요.**

춤의 마지막 단계는 물 위를 달리는 것인데, 제일 재미있는 부분이지요. 둘이 나란히 서서 발을 최대한 빠르게 저어요. 발차기를 제대로 하면, 몸이 쑥 솟구치죠. 그러면 사방으로 물을 튀기면서 물 위를 달릴 수 있어요.

비단뱀처럼 멧돼지 삼키는 법

비단뱀은 먹이를 꽉 졸라 죽인 뒤 통째로 삼켜요. 몸집이 큰 비단뱀이라면 돼지나 사슴처럼 큰 동물도 한입에 꿀꺽 삼킬 수 있지요. 여러분도 그만한 먹이를 먹고 싶다면, 익숙하지 않은 일을 몇 가지 해내야 할 거예요.

❶ 숨어요.
가만히 도사리고 있어요. 나뭇가지에 늘어져 있는 것도 좋아요.

❷ 기다려요…….
참을성 있게 기다리면, 멧돼지 같은 큰 동물이 어슬렁거리며 지나갈 거예요. 봐요, 저기 한 마리가 와요!

❸ 공격!
지금이 기회예요. 먹잇감을 향해 몸을 던져, 입 안쪽 방향으로 휜 날카로운 송곳니로 꽉 물어요. 그리고 재빠르게 먹잇감의 몸을 둘둘 감아요.

❹ **꽉 졸라요.**
힘을 주어 단단히 죄어요.
멧돼지는 숨을 쉴 수 없게 되어
곧 질식해 죽을 거예요.

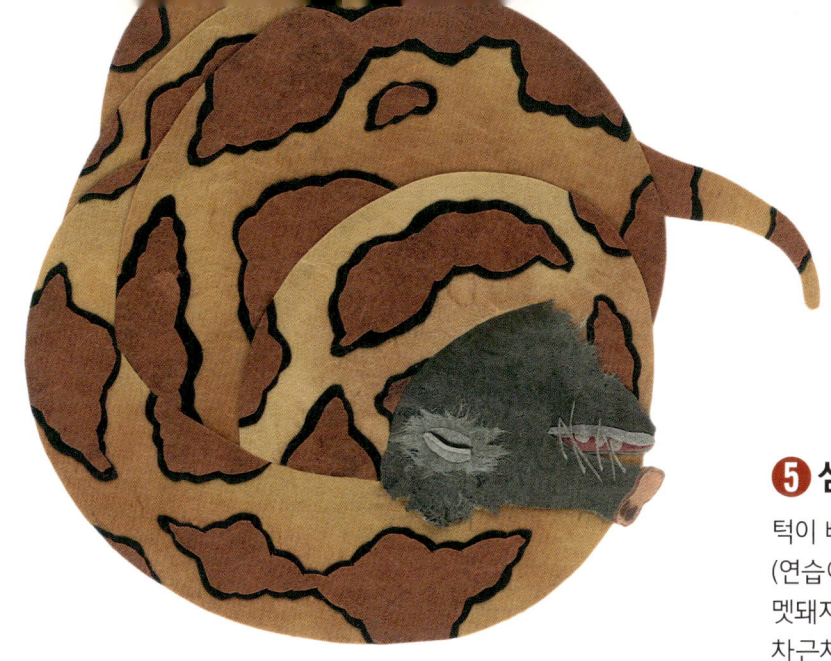

❺ **삼켜요.**
턱이 빠지도록 입을 쫙 벌려요.
(연습이 필요하겠지요?)
멧돼지의 머리부터 시작해서
차근차근 목구멍으로
집어넣어요.

❻ **쉬어요.**
멧돼지를 다 삼키면, 낮잠을
자요. 이제 앞으로 몇 달은
아무것도 먹지 않아도
괜찮아요.

축하해요! 쓸모 있는
기술들을 잔뜩 배웠네요.
몇 가지가 잘되지 않더라도
걱정하지 말아요. 꾸준히
연습하다 보면 언젠가는
될 테니까요. 둥지 짓기나
멧돼지 삼키기는 잠시 멈추고
이 책에 나온 동물들을
좀 더 알아보고 싶다면,
다음 페이지로 넘어가세요.

혹등고래는 몸길이가 18미터까지, 몸무게는 3만 6천 킬로그램까지 자랄 수 있어요. 작은 물고기를 삼키는 것 외에도 고래수염이라고 하는 빗살무늬의 각질판으로 새우, 크릴, 플랑크톤을 걸러 먹죠. 혹등고래는 전 세계 바다에서 발견되어요. 여름에는 차가운 극지방 바다에서 지내고 겨울엔 더 따뜻한 열대 바다로 가요. 혹등고래는 복잡한 노래를 부르는데, 우리에게는 신음 소리, 비명 소리, 툴툴대는 소리처럼 들리는 노래를 한 번에 몇 시간씩 불러요. 노래의 목적이 무엇인지 정확히 알려지지 않았지만, 고래들은 그 소리를 수백 킬로미터 밖에서도 들을 수 있다고 해요.

재봉새에는 여러 종류가 있어요. 이 책에서 만난 **보통재봉새***는 몸길이가 12.75 센티미터쯤 되고 인도와 동남아시아에서 살아요. 재봉새는 주로 덤불이나 나무에서 지내요. 곤충, 나무 열매, 씨앗, 꽃의 꿀을 먹지요.

꼬리감는원숭이는 중앙아메리카에서 살아요. 몸길이가 약 46센티미터밖에 안 되는 작은 원숭이랍니다. 과일, 나뭇잎, 곤충, 작은 동물을 먹어요. 꼬리감는원숭이는 원숭이들 중에서 가장 똑똑한 편이라 애완동물로도 많이 길러요. 꼬리감는원숭이를 '카푸친원숭이'라고도 하는데, 이는 '카푸친회'라는 가톨릭 수도회에서 이름을 딴 거예요.

카푸친회의 수도사들이 입는 모자 달린 갈색 수도복이 이 원숭이의 얼굴 주변에 난 갈색 털을 닮았기 때문이에요.

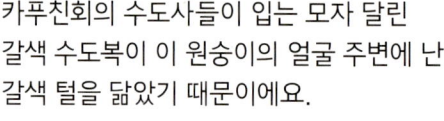

큰뿔야생양은 북아메리카 서부의 산악 지역에서 살아요. 가파른 돌투성이 산비탈에 적응하여, 다른 동물들은 거의 다니지 못하는 지형에서도 쉽게 돌아다닌답니다. 큰뿔야생양은 풀, 덤불, 심지어 선인장까지 먹어요. 수컷이 암컷보다 더 크고, 몸무게는 136킬로그램까지 나가요. 짝짓기 결투에서 받는 엄청난 충격을 흡수할 수 있도록, 수컷의 머리는 두꺼운 뼈로 덮여 있어요.

까마귀는 남극과 남아메리카를 제외한 모든 대륙에서 볼 수 있어요. 기억력과 문제 해결 능력이 뛰어난 똑똑한 새랍니다. 까마귀는 식성이 까다롭지 않아요. 과일, 씨앗, 곤충, 개구리, 쥐, 음식 쓰레기, 썩은 고기, 심지어 다른 새까지 먹어요. 몸길이는 최대 51센티미터까지, 양 날개 길이는 91센티미터까지 자라요. 겨울에는 최대 수천 마리씩 거대한 떼를 지어 잠자리를 마련한답니다.

이 책에서 만난 비버는 **아메리카비버**예요. 극지방과 사막을 제외하고 북아메리카 대부분의 지역에서 서식하지요. 몸무게가 32킬로그램까지 나가는 비버는 세계에서 두 번째로 큰 설치류예요. 그보다 더 큰 설치류는 남아메리카의 카피바라뿐이죠. 비버는 나뭇잎, 나무껍질, 뿌리, 물풀을

먹는 초식 동물이에요. 또한 생태계의 중요한 토목 기술자랍니다. 비버가 개울을 댐으로 막으면 많은 습지 동식물의 서식지가 생겨나지요.

흉내문어*는 몸길이가 61센티미터쯤 되어요. 1998년에 과학자들이 인도네시아 연안에서 발견했답니다. 모든 문어들이 그렇듯이, 흉내문어도 피부에 먹물주머니가 있어서 피부 색깔과 무늬를 바꿀 수 있어요. 흉내문어는 그뿐 아니라 다른 동물들을 흉내 내는 특별한 능력도 갖고 있는데, 주로 독이 있는 동물을 흉내 낸답니다. 연구자들에 따르면 무려 15가지 바다 생물을 흉내 낼 수 있다고 해요.

붉은백로*는 왜가릿과에 속하는 새예요. 미국과 중앙아메리카의 멕시코만 연안, 멕시코의 태평양 해안, 카리브해 연안에 살아요. 우아한 모습의 붉은백로는 섰을 때 키가 76센티미터쯤 되고 날개 길이는 122센티미터쯤 되어요. 붉은백로는 습지나 얕은 못을 좋아해서, 그런 곳에서 물고기, 곤충, 그 밖의 여러 가지 작은 수생 동물을 잡아먹고 살아요.

쌍살벌은 전 세계의 온대와 열대 지역에서 집을 지어요. 몸길이는 2센티미터쯤 되고, 몇백 마리가 함께 모여 살아요. 어른 쌍살벌은 꽃가루, 꿀, 애벌레, 다른 곤충을 먹고 살아요. 사람에게 특별히 공격적이진 않지만, 자기 집을 건드리는 사람은 쏜답니다. 쌍살벌의 독에 위험한 알레르기 반응을 일으키는 사람도 있어요.

헛간거미*는 왕거밋과에 속하는 거미예요. 왕거미에는 수천 종이 있는데, 남극을 제외한 모든 대륙에서 발견되어요. 모든 왕거미들과 마찬가지로 헛간거미는 크고 둥근 거미줄을 쳐요. 미국 북동부와 캐나다 동부에 많이 살고, 몸길이는 2센티미터 정도예요. 물 때 독을 내긴 하지만 독성이 약한 편이라서 사람에겐 위험하지 않아요. 파리, 모기, 그 밖의 날아다니는 곤충들을 거미줄로 잡아먹어요. 엘윈 브룩스 화이트의 책 《샬롯의 거미줄》에 나오는 거미 샬롯이 바로 헛간거미랍니다.

바우어새는 수컷이 암컷을 끌어들이려고 짓는 정교한 둥지를 바우어라고 부르기 때문에 붙은 이름이에요. **새틴바우어새***는 몸길이가 30센티미터쯤 되어요. 오스트레일리아 동부 우림에서 과일, 나뭇잎, 곤충을 먹고 살지요. 암컷이 수컷의 바우어가 마음에 들어서 그 수컷과 짝을 짓기로 결정하더라도, 그 바우어에 알을 낳지는 않아요. 대신 나무 위에 암컷이 따로 둥지를 짓는답니다.

버빗원숭이는 원래 아프리카 남부와 동부에 사는 동물이지만, 사람들에 의해 옮겨져 미국 플로리다주와 카리브해 섬들에도 살게 되었어요. 몸길이는 평균 56센티미터이고 몸무게는 집고양이 정도예요. 주로 나뭇잎, 씨앗, 꽃, 과일을 먹고 살지요. 가끔 곤충, 알, 작은 동물을 먹기도 해요. 버빗원숭이는 최대 50마리까지 무리를 지어 살아요. 안전을 위해 나무 가까이 머무는 편이지만  우림, 습지, 초원 같은 다양한 서식지 환경에도 적응했지요.

수백만 마리씩 모여 사는 **잎꾼개미**는 일개미, 병정개미, 여왕개미로 나뉘어요. 일개미들은 나뭇잎을 모으고 지하의 버섯 농장을 가꿔요. 크고 강한 턱을 가진 병정개미들은 둥지와 일개미들을 보호하지요. 여왕개미는 한 마리뿐이에요. 여왕개미의 일은 하루에 최대 3만 개까지 많은 알을 낳아서 계속 새로운 개미들을 생산하는 것이랍니다. 일개미와 병정개미는 몸길이가 1.25센티미터쯤 되고 여왕개미는 그 두 배쯤 되어요. 잎꾼개미는 미국 남부와 중앙아메리카, 남아메리카 전역에서 발견되어요.

이 책에서 만난 악어는 **나일악어**예요. 아프리카 중부와 남부의  호수, 강, 늪에서 살지요. 몸길이가 6미터에 달하는 나일악어는 인도악어 다음으로 세계에서 가장 큰 파충류예요. 나일악어는 사나운 포식자로, 오로지 다른 동물들을 잡아먹는 것밖에 몰라요. 새나 물고기도 먹지만 그보다는 영양, 얼룩말, 누처럼 몸집이 큰 먹잇감을 좋아해요. 심지어 어린 코끼리나 기린도 잡아먹어요. 아프리카에서는 매년 수백 명의 사람들이 악어에게 목숨을 잃는답니다.

아르마딜로는 몸이 딱딱한 골판으로 덮인 포유류예요. 이 책에서 만난 **아홉띠아르마딜로**는  몸길이가 51센티미터쯤 되고 미국 남부, 중앙아메리카, 남아메리카 지역의 숲이나 초원에서 살아요. 아르마딜로는 주로 곤충을 먹는 식충 동물이에요. 개구리, 도마뱀, 쥐 등과 같은 작은 동물들로 식단을 보충하기도 하지요. 아르마딜로는 헤엄을 잘 쳐요. 개울을 헤엄쳐서 건널 줄 알고 숨을 참은 채 개울 바닥을 기어서 건너기도 해요.

명주잠자리의 애벌레인 **개미귀신**은 몸길이가 1.25센티미터쯤 되어요. 전 세계에서 발견되는데, 보통 건조한 모래에서 살아요. 개미귀신이 함정을 팔 곳을 찾아 이리저리 헤매면서 모래에 남기는 자취는 꼭 종이에 낙서를 한 것 같지요. 그래서 '낙서 벌레'라고도 부른답니다. 이름에서 알 수 있듯이 개미귀신은 개미를 먹어요. 개미 외에도 함정에 굴러떨어져 탈출하지 못하는 딱정벌레, 거미, 그 밖의 작은 생물들을 잡아먹어요.

서부논병아리*는 다리가 몸통에서 한참 뒤쪽에 달려 있기 때문에,  땅에서는 어기적어기적 어색하게 걸어요. 대부분의 시간을 물에서 보내는데, 나뭇잎과 잔가지를 엮어서 만든 둥지마저도 물에 떠 있지요. 서부논병아리는 몸길이가 61센티미터쯤 되는 큰 새예요. 캐나다의 태평양 연안, 미국 서부와 중서부, 멕시코에서 살아요. 주로 물고기를 먹지만, 가끔 연못이나 개울 바닥에서 가재나 벌레도 잡아먹어요.

비단뱀은 독이 없어요. 먹이를 힘껏 졸라서 죽이지요. 이 책에서 만난 비단뱀은  세계에서 제일 긴 뱀인 **그물무늬비단뱀**이에요. 길이가 9미터가 넘는 비단뱀도 있었다지만, 정확하게 측정된 뱀들 중에서 제일 길었던 것은 7.5미터였어요. 그물무늬비단뱀은 동남아시아의 숲과 초원에서 살면서 새, 설치류, 개, 사슴, 돼지, 악어를 비롯한 다양한 동물들을 공격해서 잡아먹어요. 아주 드물기는 하지만 사람도 먹는답니다.

*이 책에 등장하는 동물들 중에는 우리말로 부르는 이름이 명확하지 않은 종류도 있습니다.
이러한 경우 원서의 영문명에 기초하여 다음과 같이 적절한 우리말로 표기하였습니다.

보통재봉새(common tailorbird) 흉내문어(mimic octopus) 붉은백로(reddish egret) 헛간거미(barn spider)
새틴바우어새(satin bowerbird) 서부논병아리(western grebe)

스티브 젠킨스와 로빈 페이지는 미국의 어린이 과학 그림책 작가 부부이다. 《이렇게 생긴 꼬리로 무엇을 할까요?》로 칼데콧 아너 상을 수상했다. 지은 책으로 《하늘을 나는 동물들》, 《움직여 봐!》, 《하마를 목욕시켜 주는 동물은?》 들이 있다.

김명남은 서울대학교 환경대학원에서 환경 정책을 공부하고, 지금은 전문 번역가로 활동하고 있다. 옮긴 책으로 《북극곰의 집이 녹고 있어요!》, 《아주 작은 친구들》, 《생명의 나무》, 《지구에 생명이 태어났어요》 들이 있다.

동물들의 기발한 생활 비법
멧돼지를 통째로 삼키는 법

초판 제1쇄 인쇄일 2017년 6월 15일 초판 제1쇄 발행일 2017년 6월 25일
지은이 스티브 젠킨스, 로빈 페이지 옮긴이 김명남
발행인 이원주 본부장 김문정
편집 윤보영, 이재원 디자인 박준렬
마케팅 이흥균, 박병국, 양윤석, 김유정 저작권 이경화 제작 김영훈
발행처 (주)시공사 주소 서울시 서초구 사임당로 82
전화 영업 2046-2800 편집 2046-2821~9 인터넷 홈페이지 www.sigongjunior.com

How to Swallow a Pig : Step-by-Step Advice from the Animal Kingdom
Copyright ⓒ 2015 by Steve Jenkins & Robin Page
Published by special arrangement with Houghton Mifflin Harcourt Publishing Company
All rights reserved.
Korean translation copyright ⓒ 2017 by Sigongsa Co., Ltd.
This Korean edition is published by arrangemet with Houghton Mifflin Harcourt Publishing Company through Korea Copyright Center.

이 책의 한국어판 저작권은 (주)한국저작권센터(KCC)를 통한 저작권사와의 독점 계약으로 (주)시공사에 있습니다.
저작권법에 의해 한국 내에서 보호를 받는 저작물이므로 무단 전재와 무단 복제를 금합니다.

ISBN 978-89-527-8549-7 77490
ISBN 978-89-527-5576-6 (세트)

시공주니어 홈페이지 회원으로 가입하시면 다양한 혜택이 주어집니다.
잘못 만들어진 책은 구입하신 서점에서 바꾸어 드립니다.

네버랜드 지식 그림책은 7~9세 어린이들이 알아야 할 지식을 언어, 문학, 사회, 역사,
자연, 환경, 과학, 수학, 예술 분야로 나누어 소개하는 그림책 시리즈입니다.
호기심의 씨앗을 심고 이해의 싹을 틔우고 생각의 줄기를 뻗어 다양한 꿈을 키워 줍니다.